Estimado lector, gracias por adquirir
"Abrite Camino. Bases para el emprendedor exitoso".
Deseamos que el contenido sea de gran utilidad para ti.
Al final del libro encontrarás un QR que te invitará a comunicarte
con nuestro email con el objetivo de compartirte novedades
editoriales y encuentros en universidades, eventos y congresos.

Santiago y Germán

Abrite Camino

Ciclo integral para emprendedores

Abrite Camino

Bases

para el emprendedor

exitoso

ABRITE**CAMINO**

Ciclo integral para emprendedores

Santiago Netri / Germán Netri

www.abritecamino.com.ar

disponible en

amazon

© Santiago Netri y Germán Netri, 2023

ISBN Argentina: 978-987-88828-0-2
ISBN Amazon Paperback: 979-839-60185-9-4
ISBN Amazon Hardcover: 979-839-60188-6-0

Índice

Prólogo

Este libro nos introduce a una nueva manera de acercarnos a un concepto más amplio de qué implica ser "un emprendedor".

Desde nuestro enfoque, existe una fuerte vinculación entre la vida interna de la persona y lo que decide emprender. Entendemos y experimentamos en nuestras formaciones a emprendedores, que una fuerte revisión de la cosmovisión personal hace más sustentable y realizable el emprendimiento a proyectar.

"Ir a lo interno para apuntalar lo externo" es una imagen que pone en relieve nuestra misión y nuestra manera de abordar el encuentro con el emprendedor.

Abrite Camino, no sólo permite la posibilidad fáctica de hacer realizable una idea, sino que también promueve una revisión de bases fundamentales, en donde el **Para qué**, el **Cómo** y el **Por qué** toman una amplia relevancia.

Todo este proceso permite que cada emprendimiento encauce un tratamiento integral, en donde las variables en juego hacen que la tarea sea estimulante.

Se actualiza "adentro" lo que se proyecta "afuera" y se ve "afuera" lo que se "quiere "adentro.

Esta invitación abre las puertas a una innovadora manera de actualizar y concretar ideas realizables.

"El querer de cada uno" nos proyecta con mayor claridad hacia el objetivo, en donde "nuestro norte" parece acercarse y se muestra más posible.

Si no sabemos qué es lo que nos motiva, difícilmente podamos valorar y sostener las fuerzas y auto-reconocimiento de lo logrado.

Brindamos en estas palabras, la honesta invitación a investigar qué es **Abrirte Camino**.

Deseamos que en este abordaje surjan preguntas, desafíos, y que cada persona se permita ser la única responsable de lo que impulsa realizar, y que ese logro, tenga una significación para su vida.

De lo interno a lo externo

En la cultura actual casi toda la vida está pensada y vivida "hacia afuera".

El consumismo descontrolado, los distintos intereses, las políticas de poder, la tendencia del propio beneficio sin pensar en el semejante, etc., son síntomas que marcan un estado de decadencia psicosocial en muchos aspectos; que ha impulsado a las personas a pensarse con relación a lo que obtengo: "yo soy lo que tengo".

En esta cultura resultadista pareciera que sólo importa llegar a la meta, cuanto más rápido mejor, sin replantearse los medios, los *por qué* y los *para qué*. Hay una importante identificación en lo que se tiene en términos materiales y pareciera que eso es lo único que importa y lo que genera pertenencia de identidad, tanto íntimamente, como en las relaciones interpersonales.

Causas

Los resultados son consecuencias de las causas, pero pareciera que las mismas no son afrontadas a consciencia.

Siempre hay causas en lo manifestado, y adentrarnos en ellas quizás sea el punto de partida, no sólo para entender el porqué de ciertas experiencias humanas, sino también para empezar a replantearnos con más lucidez, el para qué nos propiciamos metas en dirección a ciertos "resultados".

Ahora bien, ¿Cómo remover ciertos mecanismos que parecieran ser autónomos, que accionan casi inconscientemente llevándonos como en una inercia a esta "carrera del resultado"?

11

Ese objetivo buscado ¿Es propio o es impuesto por lo externo?

¿Cómo sería en términos naturales "ir para adentro"?

Pensamos que "ir para adentro" es redireccionar la mirada hacia las causas, la instancia y el proceso en donde una idea, es la semilla básica de una posterior manifestación.

Uno de los primeros recursos que aparecen cuando decidimos dicha tarea, es la *observación de sí*. Esta auto-observación facilita la posibilidad de empezar a revisar creencias limitantes, mecanismos, sentimientos, anhelos, etc. Este primer movimiento da la oportunidad inicial a cada persona de ser responsable de su "sí mismo".

Desde allí comienza un largo camino que promueve inquietudes, cuestionamientos existenciales y manifestaciones; logrando así, empezar a reconocer y delimitar nuestra *interioridad*.

En nuestros ciclos para emprendedores, en la fase de **"concepción"**, trabajamos con profundidad en este aspecto de *ir hacia adentro*. Tratamos inicialmente de frenar los impulsos resultadistas de cada emprendedor, y nos abocamos a trabajar con el capital humano, facilitando el desarrollo personal, la identificación con uno mismo; de donde surgen las causas que fundamentan lo que cada uno anhela realizar.

La gran oportunidad es poder desechar y revisar nuestros errores-debilidades y creencias que nos limitan, y partiendo de nuestras fortalezas, proyectar nuestro emprender.

Allí surge "lo que quiero", esa fuente de energía que empieza a brotar para proyectarse hacia el futuro.

Esta fuerza se pone siempre a prueba en el proceso.

El objetivo central en nuestros talleres y seminarios es acompañar a cada emprendedor a una honesta revisión, sabiendo que este trabajo lo empodera, pudiendo eliminar su propia ficción y generando una base real y concreta para su proyecto.

El objetivo central es vivenciar una congruencia entre lo que se quiere y lo que se realiza. Una vez que se llega al resultado, se puede mirar hacia atrás y ver la causa intacta, valorando el proceso y por ende, también el logro alcanzado.

Visión sistémica

Una nueva manera de mirar la realidad del ser humano aparece en la segunda mitad del siglo XX.

Revolucionando no sólo las ciencias "duras", sino también las ramas humanistas, en donde su enfoque abre las puertas a una innovadora oportunidad de encontrar nuevas respuestas.

Para adentrarse en este enfoque hay que mantener de lado algunos paradigmas de corte lineal causa-efecto.

Al tomar una distancia prudente para observar el objeto en contexto y la relación con los demás elementos que lo conforman, se abren nuevas variables para estudiar posibilidades, que desde esta óptica amplía la mirada si se percibe desde una **visión sistémica**.

Aquí, se pone un énfasis importante en la relación entre los elementos, basada en ciertos principios sistémicos que la fundamentan.

Observar esta interrelación permite encontrar sistemas funcionales y disfuncionales que muestran con claridad las áreas a modificar, valorar, integrar, incluir y/o potenciar.

¿Qué es un sistema?

Un sistema es un <u>conjunto de elementos</u> que están <u>interconectados</u> entre sí en una <u>continua relación de cambio</u>.

En términos sistémicos, hay que alentar a que ese cambio sea la consecuencia de un estado funcional del mismo.

Un sistema se entiende no solo por sus componentes físicos y/o elementos, sino por las funciones que estos realizan.

Los sistemas reciben del exterior entradas (inputs) en forma de información, o de recursos físicos o de energía. Las entradas son sometidas a procesos de transformación como consecuencia de los cuales se obtienen resultados o salidas (outputs). Se dice que hay realimentación o retroalimentación (feedback) cuando esta interacción se realiza.

Niveles

La Teoría General de Sistemas distingue varios niveles de complejidad:

Sistema: totalidad coherente, por ejemplo una familia.

Suprasistema: medio que rodea al sistema; amigos, vecindad, familia extensa.

Subsistemas: los componentes del sistema; individuos.

Características Generales de los sistemas

Totalidad: el sistema trasciende las características individuales de sus miembros.

Entropía: los sistemas tienden a conservar su identidad.

Sinergia: todo cambio en alguna de las partes afecta a todas las demás y en ocasiones al sistema.

Finalidade: los sistemas comparten metas comunes.

Equifinalidad: las modificaciones del sistema son independientes de las condiciones iniciales.

Equipotencialidad: permite a las partes restantes asumir las funciones de las partes extinguidas.

Tipos de sistemas:

Abiertos: interactúa con factores externos a él.

Cerrados: no interactúa con factores externos a él, pero si transmite energía al mismo.

Aislados: no interactúa con el entorno, ni tampoco transfiere energía al entorno.

Los niveles, las características y los tipos de sistemas, son necesarios estudiarlos en profundidad en el momento de encauzar la idea a realizar.

Tener en cuenta los niveles en donde se recrea lo que emprendemos nos permite observar y analizar distintas instancias, tanto en la fase interna de los elementos, como en su interacción con los demás y su entorno.

Si hacemos foco en las características de los sistemas, podemos apreciar que observarlos implica un cambio perceptual distintivo en la manera de "observar". Las características de los sistemas determinan, en parte, la guía para poder entenderlos y analizarlos.

Los tipos de sistemas también nos permiten un diagnóstico previo, de cómo están interactuando los elementos con el entorno, y desde allí, según lo que se quiera, predisponerse a recrear un tipo de sistema sensato y productivo para cada situación.

¿Cuál es el sistema más equilibrado?

Imagen 1

Imagen 2

Imagen 3

En este tipo de mirada, se afirma que los sistemas siempre están equilibrados.

Tanto en la naturaleza, como en los procesos humanos, existe un sistema de compensación, de homeostasis, que permite establecer y reestablecer el equilibrio en la vida. Desde esta óptica, una enfermedad podría verse como un estado de equilibrio, ya que se intenta favorecer una compensación necesaria.

Es muy importante al observar sistemas intentar mirar el equilibrio. El equilibrio no solo lo determina la interacción de los elementos, sino también la situación específica que está atravesando el sistema.

Por ejemplo:

Si se está reorganizando y fusionando un grupo de empleados del área de ventas de una empresa, quizás la *imagen 3*, presentada anteriormente, coincida con el movimiento de dicha área laboral; y esa realidad, es equilibrio adaptado a la situación del sistema. Pretender otra realidad sería estar fuera de la situación real funcional.

Quizás en un futuro cercano ese mismo equipo de trabajo pueda identificarse con la *imagen 1*, una vez que ciertos objetivos e interacciones llegaran a madurarse en el sistema.

Siempre hay equilibrio; pero este equilibrio puede ser Funcional o Disfuncional.

Cuando los elementos de un sistema se organizan hacia un objetivo común, los roles de pertenencia y el orden que se establece denota un equilibrio funcional, pudiéndose identificar la simetría de la *imagen 1*, en donde el sistema presenta una clara cohesión e interacción entre sus partes.

En cambio, cuando el equilibrio es disfuncional, los roles de pertenencia suelen estar desordenados, no pudiendo así establecer su pertenencia y el orden necesario para encauzar eficiente y eficazmente el objetivo común de todo sistema.

Bert Hellinger ha postulado 4 principios que determinan a los sistemas.

Sobre estos principios nos basamos para analizar los emprendimientos y las distintas actividades vivenciales que realizamos en los ciclos de *Abrite Camino*.

Principios sistémicos:

- *Orden*
- *Pertenencia*
- *Equilibrio entre dar y recibir*
- *Respeto*

Estos principios, en términos de "proceso" permiten diagnosticar y restablecer el equilibrio funcional del sistema. Al vivenciarlos, podemos detectar la importancia que tienen en la construcción y constitución de cada emprendimiento.

Es muy importante que el emprendedor pueda desarrollar una **"visión sistémica"**. Esta innovadora visión le permite ampliar su campo de acción y de previsión, pudiendo desarrollar una saludable gestión de todos los elementos de su emprendimiento y conducirlo hacia su objetivo.

Fortalezas y debilidades del emprendedor

Desde la óptica del emprendedor, pensamos en base a nuestra experiencia, que el conocimiento de uno mismo es básico para poder emprender. No hay emprendimiento que perdure si no sabemos qué fortalezas y debilidades tenemos. *¿Qué hacemos bien? ¿Qué errores cometemos? ¿En qué podríamos ser mejores si nos esforzamos?*

A los ciclos y talleres llegan emprendedores con una idea de proyecto y a veces con un emprendimiento funcionando. Lo importante en esta instancia es confrontar con estas preguntas para ir encontrando desde dónde estamos liderando nuestro emprendimiento.

El verdadero desafío es conocer primero las fortalezas. Entendemos por fortaleza: conocimiento que nos permite hacer "algo" de manera asertiva y que pueda palparse en la realidad externa y en la interrelación con los demás.

Muchas veces, no somos conscientes de nuestras fortalezas, por lo cual, desaprovechamos fuerzas que tenemos para nuestra vida y para todo nuestro accionar.

Propuesta de ejercicio: ¿Qué es una Fortaleza?

Escríbalo en una hoja en blanco

- ¿Cuál es la primera imagen que viene a mi mente?
- Haga una lista de las fortalezas que cree que posee.

Al identificar nuestras virtudes-fortalezas hacemos un recorrido "adentro". No es fácil ver cuáles son nuestras virtudes, pero son la base de las conductas que se destacan en nosotros y por las cuales también nos identifican los demás.

Ejercicio:

- Pregunta a tres conocidos tuyos, que te detallen qué fortalezas-virtudes tienes y anótalas.

Ahora, una vez identificadas podemos potenciarlas, darle fuerza y buscar la forma de encontrar los beneficios para nuestras vidas, para los demás y para nuestro emprendimiento. Siempre tenemos que intentar *usar* nuestras fortalezas; siempre nos reportará estímulos su aplicación.

Muchas virtudes las traemos desde la niñez, otras las hemos desarrollado en las distintas fases vitales, y muchas son potenciales; las cuales nos ofrecen una gran oportunidad para desarrollarlas.

En emprendedores exitosos observamos grandes virtudes. Un ejemplo claro es la generosidad. Lo hemos detectado en muchas oportunidades en los distintos ciclos.

Encontrar las virtudes que tenemos, trabajarlas y potenciarlas nos dará mucha *confianza*, son bases fundamentales, nos dan un marco de realidad, en donde nuestros pasos se perciben y vivencian más seguros y firmes.

VIRTUDES – POTENCIACIÓN – ADQUISICIÓN – APLICACIÓN (VPAA)

Los 8 pasos:

1. Identificación de las virtudes-fortalezas
2. Lista de virtudes-fortalezas
3. Beneficios en mi vida
4. Potenciar la aplicación de mis virtudes
5. Aplicación en mi emprendimiento
6. Lista de beneficios en el emprendimiento
7. Nuevas virtudes – fortalezas
8. Aplicación a mi vida y emprendimiento

Defectos-Debilidades

Los defectos, por el contrario, son los que complican nuestro emprendimiento. Si soy una persona muy temerosa ¿Cómo avanzará mi emprendimiento?

Lo importante ante los defectos es dejar de considerarlos como negativos, y apreciarlos como una puerta de entrada para un cambio, que debería generarse en la medida que avanzamos.

Los defectos, de alguna forma, nos colocan en situaciones de aprendizaje.

Para lograrlo, en *Abrite Camino*, brindamos herramientas que permiten identificarlos. Luego, bajo una profunda revisión, logramos extraer el aprendizaje de cada defecto y empezamos a transformar su función y aporte para lo que necesitamos realizar.

La impaciencia, es uno de los grandes defectos que derrumban el proceso de crecimiento de los emprendimientos. La obstinación y la necedad son otros que también actúan. Revisarlos y transformarlos le ofrece otra mirada y abordaje al emprendedor.

DEFECTOS - IDENTIFICACIÓN – POLARIZACIÓN – APLICACIÓN (DIPA)

Los 9 pasos:

1 **Identificación de defectos**
   - Primero debemos tener claro qué es un defecto. Se trata de la carencia de algo, algo que nos falta, ausencia de conocimientos, habilidad que no se tiene.

2 **Lista de defectos**
   - Detallar 10 defectos que tenemos o creemos tener; pedir a 3 personas conocidas que nos detallen que defectos tenemos.
   - Otro ejercicio interesante es elegir 5 personas de nuestra red de vínculos y listar 5 defectos de cada una. (sin comunicárselo, solo para practicar este tipo de observación).

3 **Efectos negativos en mi vida**
   - Ver lo que producen los defectos en mi vida.

4 **Identificar el opuesto**
   - Hacer la lista de opuestos o antónimos de mis defectos.

5 **Beneficios en mi vida**
   - ¿Qué beneficios reportaría la aplicación de los opuestos en mi vida?

6 **Beneficios en mi emprendimiento**
   - ¿Qué beneficios reportaría la aplicación de los opuestos en el emprendimiento?

7 **Nuevas virtudes – fortalezas**
   - Repasar las lista de virtudes que quisiera tener.

8 Propósitos de cambio

- Generar propósitos de cambio.

9 Aplicación a mi vida y mi emprendimiento

- Lograr llevar las nuevas virtudes-fortalezas a mi vida y al emprendimiento.

Siguiendo este proceso iremos cambiando defectos por su opuesto, por lo cual "lo negativo" se irá transformando en positivo; este proceso dinámico irá consolidando la vida del emprendedor. Si somos disciplinados en esta identificación, el emprendimiento siempre crecerá y podrá adaptarse a las distintas situaciones.

En *Abrite Camino* ofrecemos un enfoque en donde podemos rápidamente ver qué fortalezas y debilidades posees producto de la propia identificación.

Nota importante:

Validar vs. Valorar

Es importante realizar la diferenciación entre valorar y validar.

Cuando valoramos le damos atributos a lo que describimos por "bueno" y/o "malo"; o sea emitimos un juicio excluyente o atrayente de lo que juzgamos. *Esto es bueno, y/o esto es malo para mí.*

Validar, en cambio, busca integrar los opuestos, no se emiten juicios excluyentes, "se integra lo que se manifiesta" y desde allí se abren más perspectivas de nuestro ámbito interno y proyección en nuestras órbitas externas. Tener un defecto, desde nuestra óptica, es parte del aprendizaje.

Si puedo validar mis virtudes y defectos, estaría trabajando sobre bases y raíces más sustentables e integrales.

Partiendo de una aceptación auténtica de nosotros mismos podemos lograr cambios duraderos y reales.

Logros y aprendizajes

Un logro es una realización de algo que nos proponemos con antelación. Es poder concluir lo que planificamos y obtener un beneficio que nos produce satisfacción; está muy relacionado al merecimiento. Para llegar a ese logro hay un camino que recorrer, en donde aparece el concepto de "proceso", y muy vinculado a él, "el aprendizaje".

El proceso de emprender es una oportunidad donde se rompe la comodidad y se ingresa en zonas de esfuerzo. En esas zonas podríamos decir que comienza el aprendizaje y paso a paso, se *aprehende*.

Se produce una cadena de esfuerzos que encausan el aprendizaje con óptica integradora. Los *Logros y los No-logros* que se van realizando son parte de la trayectoria de manifestación. A medida que podemos extraer conocimientos de la experiencia de los *No logros,* conformamos un círculo virtuoso de aprendizaje, en dónde por un lado potenciamos las virtudes-fortalezas que permitieron realizar logros, y por otro lado, extraemos el conocimiento faltante de los no-logros, para en posteriores experiencias llegar con acierto a los objetivos propuestos.

En *Abrite Camino* trabajamos a nivel biográfico la historia de los logros de cada persona. También llegamos a elaborarlo a nivel de genograma personal; en donde analizamos las distintas realizaciones generacionales que permiten observar qué logros ya tiene el linaje familiar, permitiendo ampliar las perspectivas y herramientas de cada emprendedor en sus proyecciones a futuro.

En el proceso del emprendedor se enfrentan muchos desafíos. Romper con la comodidad es uno de ellos. Este concepto, desde nuestra óptica, tiene dos aspectos importantes; *la comodidad negativa y comodidad positiva.*

La comodidad negativa se vincula con el exceso de "comodidad" que tiende a generar inactividad y la falta de voluntad. Detiene el proceso del emprendedor y su oportunidad de aprendizaje. Estos estados están asociados con la falta de objetivos claros y también con la perpetuidad de un bienestar, que en algún momento pasado fue un "logro", pero que en la actualidad resulta poco constructivo; hallándose en la persona cierta rigidez, sosteniendo posturas desactualizadas, donde muchas veces, el temor al cambio es un signo importante en esta tendencia.

La comodidad positiva es la ubicación que la persona va encontrando en cada desafío. El espíritu de aprender, la condición de "aprendiz" se manifiesta claramente en quien busca esta comodidad. La adaptabilidad y el disfrute son signos contundentes de quienes quieren desafiarse y construir su propio camino. Cada logro que se va manifestando genera una "comodidad positiva" en donde la confianza de avanzar construye un vivenciar dinámico que retroalimenta el entusiasmo y los estímulos, dándole proyección y despliegue a los objetivos fijados y planeados.

Procesos y Naturaleza

Los procesos en la naturaleza tienen la particularidad de cumplir ciertas etapas. Las mismas no pueden obviarse y pareciera que son indispensables para que se cumpla un equilibrio funcional, un sistema de compensación, una matriz natural de evolución que tiene sus causas y sus efectos.

Así nos encontramos con la evolución desde una semilla a una flor, y de la flor a la semilla, y en imagen, el ciclo eterno entre la vida y la muerte, entre la muerte y un nuevo nacimiento.

Entendido desde lo natural, pareciera fácil observar este proceso de transformación, de cambios de estados, de funciones en la vida de la naturaleza.

Si nos permitimos vislumbrar cómo se realizan estos cambios y estos ciclos, por ejemplo: en una simple planta; veríamos que al inicio fue potencia en su semilla; sus primeros brotes, su tallo, sus hojas, su flor, sus frutos y nuevamente semillas, que cae en tierra fértil para nacer de nuevo.

Esta realidad, quizás nos resulte hasta normal e intrascendente si la observamos desde una mirada llana, pero si prestamos atención, nos está mostrando una serie de etapas importantísimas que son muy análogas a los procesos del ser humano.

Es interesante observar como las semillas se permiten germinar en un espacio apropiado, en un medio donde se pronuncian al abrirse y a empezar un creciente proceso.

27

Muchas veces la naturaleza nos demuestra, que no siempre siendo el espacio el más apropiado; también la vida nace reluciente en todo su esplendor.

Pareciera que cuando la vida puja por nacer, aprovecha y extrae del medio en donde se encuentra los nutrientes necesarios, aunque sean escasos o abunden, para abrirse camino, para abrirse paso a su evolución.

Observamos en los procesos de la naturaleza algunas etapas que son importantes para compartir:

- La posibilidad favorable de la tierra fértil, con el abono necesario para garantizar la proyección de la semilla.
- El germinar de la semilla, donde el cascarón rompe y se abre a la vida, en este caso, a un espacio de nuevas posibilidades.
- Los primeros brotes que se asoman a la tierra, que habitan una nueva exposición al oxígeno, al sol, a la lluvia y a otros factores del entorno.
- La creciente vitalidad, la sabia y la formación del tallo, que le dan firmeza y dinamismo a su movimiento.
- La búsqueda hacia el sol, sus hojas y la fotosíntesis, posibilidad de tomar vida y de dar vida en su entorno.
- Su flor, su fruto, su logro, su objetivo y su muerte para volver a iniciar el ciclo.

Es importante señalar que todo ciclo natural transcurre en un **"tiempo exacto"** en donde se logra este equilibrio perfecto. El tiempo es un concepto que desarrollaremos específicamente en siguientes capítulos, ya que es un aspecto clave.

Todo proceso tiene su *"tiempo"* de gestación y manifestación. Acortar o alargar estos tiempos podría generar un desequilibrio en el sistema natural y hasta en algunos casos, malograr la vida.

Otro aspecto importante es la *"gradualidad"*. La importancia de observar que la evolución en la naturaleza es gradual y progresiva, que tiene fases precisas que deben ser cumplidas para dar origen a la siguiente etapa.

"El crecimiento", otro punto a destacar es "ir de lo chico a lo grande".

La posibilidad de *autoreproducirse* en algunos casos, y en otros de "buscar a otros" para reproducir su especie, por ejemplo en los mamíferos.

Pareciera haber ciertos *órdenes, y/o leyes universales en la naturaleza* que manejan estos procesos, y que de alguna manera, van equilibrando y cuidando el desarrollo de la vida.

Desde nuestro enfoque, observamos que el ser humano realiza también en sus manifestaciones este tipo de procesos, quizás desconoce el recorrido y las fases que atraviesa, pero indudablemente, también es regido por ciertas "leyes" que por correspondencia van formando parte del camino.

Queremos citar a un autor que nos acerca un concepto que puede empezar a integrar y/o realizar una analogía entre los procesos de la naturaleza y el ser humano.

Carls Rogers afirma que, tanto en la naturaleza como en el ser humano, existe una *Tendencia Actualizante,* que le permite a cada organismo vivo adaptarse a cada situación y contexto, pudiendo hallar por sí mismo, los medios para resolver sus problemas de evolución en forma *organísmica*.

Tendencia actualizante: todo organismo está animado por una tendencia inherente a desarrollar toda su potencialidad, de modo tal, que queden favorecidos su conservación y enriquecimiento.

(Carls Rogers)

En nuestro abordaje en la facilitación a emprendedores, trazamos paralelismos y analogías entre los procesos de la naturaleza y los procesos del ser humano.

Inicialmente, invitamos a cada emprendedor a realizar una fuerte revisión, a la cual la llamamos *"concepción"*, análoga con el preparar la tierra para poder sembrar la semilla.

Para que la tierra sea fértil genere favorablemente el buen crecimiento de lo que se quiere, se necesita confrontar con nuestros prejuicios y defectos, que muchas veces, restan nutrientes a nuestra base fundamental. Allí la semilla (nuestras ideas) pueden actualizarse en forma más apropiada, en un clima, donde previamente se trabaja para favorecer su crecimiento.

En ese momento se logra afirmar "lo que uno quiere" y en tierra fértil se siembra.

Esto nos asegura la etapa siguiente, *"el nacimiento"* de nuestro emprendimiento; algo que estuvo latente en idea potencial ya tiene forma, ya tiene nombre, ya está en contacto con el entorno. Los primeros brotes se asoman. Aquí es donde el emprendedor toma consciencia que puede "crear", y esto no es menor, pero esta etapa lleva consigo el cuidado de sus frágiles brotes que buscan más actividad en el entorno. El emprendedor recibe elementos para regar su emprendimiento; elementos técnicos, conceptuales y de vivencia que acompañan este importante y delicado tratamiento (cuidar y regar las propias ideas), en donde se puede empezar a ordenar, organizar, planificar y proyectar los pasos a seguir hacia el proceso de la siguiente fase.

Una vez que el emprendimiento tiene vida propia, empieza a demandar una identidad en la forma de salir al mundo, allí es donde se inaugura la fase de *"Crecimiento"*, donde todos los recursos de comunicación y estrategias de posicionamiento se facilitan para el despliegue y expansión del emprendimiento, buscando congruencia en todo el esfuerzo y afecto que se le brinda a su cultivo y cuidado.

Este tipo de vivencia en el proceso de manifestación garantiza un logro más integral, que permite que cuando se llegue al objetivo, se sienta una correspondencia, una convicción, una certeza, un reflejo de haber logrado lo que se quiso íntimamente, que ahora ya tiene vida propia y se comparte con otros.

El querer y el emprendedor

El nuevo paradigma que atraviesa nuestra cultura está impulsando a las personas a "emprender" distintas alternativas para vivir las demandas de nuestra civilización actual.

En Argentina, y en casi todo el resto de Latinoamérica, ciertas circunstancias han impulsado a los individuos a recurrir a su "creatividad" para generar su sustento. Aunque muchos se vieron movilizados por la "necesidad" a realizar este movimiento, pudieron comprobar que sus proyectos de emprender dieron sus frutos, dejando así en evidencia, la fuerza de la autogestión y el despliegue de sus propios recursos.

Al final de 1980, ciertas profesiones que "garantizaban una pudiente economía" dejaron de ser tan predecibles y rentables. Debido a las diversas crisis de tipo socioeconómicas que sacudieron alternadamente las distintas políticas latinoamericanas y mundiales, muchas profesiones "seguras" se tornaron lábiles y poco atrayentes para el mercado.

¿Qué es lo seguro? ¿Acaso la seguridad de lo que soy y quiero no abre camino a mi vida?

Esto rompió con el paradigma de la productividad, del "empleado ejemplar", de estar toda la vida dentro de una empresa (la fantasía soñada de nuestros abuelos inmigrantes).

Esta ruptura, este quiebre de cosmovisión, movilizó a nuestro entender, una pregunta sencilla pero bastante profunda:

¿Que quiero?

En nuestras observaciones, hasta ese momento, la manada creciente de jóvenes respondía a inconscientes mandatos de *vida segura* de *sacrificio* y de *trabajo sin descanso*. Cumplir estas premisas daba como resultado dignificar su ascendencia y continuar con el linaje de pensamientos en una misma dirección.

El nuevo paradigma actual presenta otro contexto, otras órbitas de giro, y por cierto, otras oportunidades y alternativas para un desarrollo creativo y de disfrute.

La era digital y la nueva comunicación aceleran y ayudan a terminar de desarticular los patrones antiguos, generando velocidad en los procesos y nuevas percepciones de un mismo punto, en donde también la ciencia se permitió derribar viejos postulados.

Desde *Los niños del 2000* en adelante es muy natural observar que se pregunten ¿Qué quiero? ¿Qué deseo realizar? ¿Cómo quiero disfrutar?

Comienzan a nacer personas con inquietudes distintas, con una cierta convicción de **que la vida merece ser vivida**, y que por ende el trabajo, la profesión y su sustento económico, debe ajustarse a un plan de vida integral, en donde lo importante es aprovechar y disfrutar de todo lo que se hace.

"Qué quiero", el propio cuestionamiento, el propio conocimiento, el desafiarse a sí mismo, ha dado como resultado, seres que encaminan su vida con otra confianza; seres que no acuden a su creatividad sólo por necesidad, sino que deciden movilizarse por la convicción que mueve su propósito de vida.

Hoy en día es fácilmente palpable ver jóvenes que desde temprana edad fundan emprendimientos y empresas. Estos proyectos no solo son impulsados por una fuerza vital pujante (el disfrute y el desafío), sino también, porque buscan funcionalidad en la vida que eligen.

En nuestros ciclos de emprendedores de *Abrite Camino* solemos coordinar grupos, en donde el capital humano, es el motivo fundante de las bases de un emprendedor exitoso. El éxito justamente radica, en que no solamente su proyecto tenga una buena rentabilidad y profesionalismo, sino también, que pueda ser un grato reflejo de una vida equilibrada en todos sus aspectos, en donde haya tiempo para todo lo que merece ser vivido, en donde el emprendedor sea el fiel protagonista de lo que emprende y se propone.

Encontrar "lo que quiero" requiere de una honesta confrontación con preguntas que están siempre en nuestro interior.

Queda en la propia intimidad, en la propia decisión, encaminarse a consciencia, las oportunidades de vida que ofrece este tipo de procesos, en donde la propia responsabilidad dignifica la trayectoria a seguir.

Las ventajas del emprendedor

"Emprender" en la realidad de hoy, lleva de la mano todo un cambio, en donde como señalamos en el capítulo anterior (El querer y el emprendedor), contiene implícito un giro de paradigma.

Los días que vivimos y los que se avecinan, le exige a cada individuo un alto grado de adaptación y flexibilidad para corresponder al ritmo pretencioso y hasta casi caprichoso de nuestra actualidad.

Ser emprendedor es por un lado, casi una consecuencia creativa al tipo de respuestas que la realidad nos presenta; y por otro, es una decisión, una convicción y una manera de vivir, en donde la adversidad circundante suele afrontarse como un desafío, llenando la vida de aprendizajes.

Más que ventajas, lo que vive el emprendedor es una oportunidad.

Lo interesante, es que inicialmente esta oportunidad no es externa. La primera oportunidad, es la posibilidad de crear por sí mismo "una idea", una semilla del proyecto y/o emprendimiento, que será el punto de partida, para empezar a conocerse y conocer también lo que se quiere ver manifestado. Esta etapa podría definirse, como ya mencionamos, el período de **concepción** de nuestro proyecto, de nuestras ideas.

Este paso es uno de los más importantes, ya que aquí, logra fijarse el "norte emocional"; que es la fuerza vital que impulsa y llena de estímulos al emprendedor; y que determina en muchas instancias del proceso un factor central en la fuerza para culminar su finalidad.

"El buen emprendedor" es un individuo que en cierta forma quiere conocerse, desafiarse a sí mismo.

Enarbolar la bandera de nuestras creaciones nos expone a un sinfín de experiencias, en donde necesitaremos revisar nuestras fortalezas, y por sobre todas las cosas, nuestros defectos personales, que son muchas veces, los que hacen malograr nuestras sanas expectativas.

En estos términos, las ventajas que presenta ser emprendedor, es una invitación sensata a confrontarnos y a conocernos internamente.

Una vez que logramos fijar nuestros objetivos; comienza una nueva etapa, en donde la oportunidad es externa. Podríamos llamarla, el *nacimiento* de nuestro proyecto; en donde no solamente vive en nuestro interior, sino que sale al mundo a interactuar con otros.

Esta instancia desafía al emprendedor, no solamente a sostener lo que se ha fijado, sino también, a adquirir conocimientos específicos, para lograr el crecimiento y el despliegue.

Cuando el emprendedor llega a su meta, que desde nuestro punto de vista es "formar las bases de un emprendedor integral", se ha cumplido un ciclo, en donde la rentabilidad y éxito del proyecto, que son un indicador de avance, pasan a un segundo plano, haciéndose figura como oportunidad más importante, la posibilidad de aprender y conocerse con más profundidad.

Siempre expresamos en los ciclos de *Abrite Camino* que el emprendimiento es una buena excusa para iniciar un proceso personal.

Esta es la gran ventaja; la gran oportunidad.

Convicciones personales

Desde la definición que plantea la (RAE), la convicción es: "la seguridad que tiene una persona de la verdad o certeza de lo que piensa o siente".

¿Cómo logramos que el emprendedor logre encontrar las certezas que necesita?

A nuestros seminarios llegan personas en donde la convicción no suele estar asentada. Muchas veces tienen la idea clara de lo que quieren realizar, otros ya tienen diseñado el cómo quieren realizarlo, y en otros casos, hasta ya lo están realizando.

Lo cierto es, que la convicción y/o certeza de lo que se quiere proyectar plantea algunos desafíos cuando intentan explicarlo y encontrar anclajes fuertes en las decisiones de crecimiento durante el proceso.

Fijar y encontrar "un objetivo aspiracional propio" quizás sea el gran punto para empezar a caminar por la senda de la convicción.

Desde nuestro enfoque, partimos de la propia trayectoria de vida a trabajar la convicción.

¿Que sería partir de la propia trayectoria?

Revisar en nuestra vida los distintos momentos y experiencias en donde hemos sentido convicción en las decisiones que hemos tomado; esa seguridad necesaria para caminar hacia un objetivo, en donde el "sentir" confirma la firmeza incuestionable de los propios pasos.

Fácil es decir, que si uno no está convencido de lo que quiere manifestar, es muy difícil movilizar la voluntad y sobre todo, batallar hacia el objetivo cuando lleguen las dificultades lógicas del proceso. La convicción, desde nuestra experiencia, ejerce una fuerza estabilizadora que estimula de energías a la persona, reencauzando sus propósitos.

La convicción se siente. Es una certeza que aparece confirmando el camino a seguir.

Ahora bien, consideramos que podemos realizar pasos previos para predisponer las condiciones para que surja la convicción. Tomando nuestras analogías con la naturaleza, sería como ir preparando la tierra para luego sembrar las primeras semillas.

El primer objetivo que planteamos en nuestros ciclos es realizar procesos de revisión (desarrollo personal), en donde se movilizan aspectos, removiendo creencias limitantes y optimizando virtudes.

Estas instancias son un excelente campo para ir preparando el terreno para identificar luego a la convicción.

Siempre damos la sugerencia de ponerse objetivos a corto plazo, con la visión en el gran objetivo.

Solemos identificar en el emprendedor mucha "imaginación negativa", a la cual le dedicaremos un capítulo. Fácilmente suele proyectarse la imagen de nuestro objetivo realizado sin tener en cuenta los pasos y esfuerzos que requiere.

El hecho de realizar pasos seguros a corto plazo nos impulsa a empezar a manifestar pequeños peldaños del proceso de emprender, dando lugar a que comience a circular dentro nuestro una energía estimulante, la confianza de los pequeños logros, tan necesaria para potenciar y alimentar el anhelo de seguir adelante.

Proyectar-planificar-manifestar

Proyectar

Cuando hablamos de proyectar, solemos realizar la siguiente imagen: realizar imágenes a futuro (2 a 3 años) de nuestro emprendimiento. Poder utilizar la posibilidad de generar imágenes de forma creativa.

Ejercicio de proyección

Habita un lugar cómodo y silencioso; siéntate en una silla buscando serenarte (cinco minutos). Observa cómo los pensamientos de preocupación y obligaciones cesan poco a poco.

Empieza a imaginar creativamente en tu mente diapositivas de tu emprendimiento y visualiza imágenes en forma correlativa, priorizando cómo te gustaría que sea tu proyecto; deja que las imágenes se reproduzcan en tu mente y permite internamente la proyección.

Podes tener en cuenta estos interrogantes:

¿Cómo imaginas tu espacio de trabajo?

¿Cómo serían tus productos o servicios?

¿Lo ves rodeado de naturaleza?

¿En un lugar céntrico? ¿Más alejado?

¿Te ves trabajando solo? ¿En equipo?

¿Te ves trabajando con tu familia?

¿Qué tiempo quieres estar con tu familia?

¿Cómo te imaginas tu local?

¿Cuál sería tú forma de trabajo?

¿Cuál sería tu horario laboral?

De esta forma sigue anotando interrogantes que surjan.

El ejercicio de relajación se recomienda que no dure más de quince minutos, ya pasado ese tiempo es difícil mantener la concentración.

Siéntate en un escritorio y dedícate a escribir todo lo que fuiste proyectando.

Este trabajo es importante porque nos permite bajar de la imaginación (imágenes en acción) al papel las líneas de lo que nos gustaría tener o hacer.

Nos recuerda a los antiguos buscadores de tesoros. Ellos tenían un mapa para hacer su búsqueda, la idea es que tu emprendimiento se transforme en el tesoro, y que se pueda ir "imaginando" como acercarse al mismo.

El próximo paso, es ir planificando y consolidando ese mapa. Permitirnos proyectar en forma creativa y positiva le imprime al proceso un impulso vital, en donde el emprendedor empieza el camino de manifestación. Toda idea creativa está en la mente, y es muy importante que aprendamos el uso apropiado de la misma, para que nuestros proyectos estén sobre bases seguras.

En *Abrite Camino* aprendemos a proyectar nuestro propio futuro, que no sólo incluye el emprendimiento, sino la vida integral del emprendedor.

Planificar

Una vez que ya tenemos la imagen clara, podemos poner manos a la obra en comenzar a planificar la realización de lo proyectado/plan de acción.

Es usual observar personas que tienen grandes ideas, y pasan días y años proyectando o planificando; pero lo más difícil, es llevar a la práctica real y ejecución nuestras ideas, permitiéndole a nuestra creatividad la oportunidad de concretarse.

Plan de Propósitos

Este plan consiste en lograr ejecuciones a futuro (corto, mediano y largo plazo) sobre lo proyectado.

Realizar este tipo de objetivos asociados a la imagen planteada, nos empieza a confrontar con las variables posibles de realizar nuestro proyecto. Aquí nos topamos con el fantasma de la realidad y la ficción. Inicialmente tenemos que realizar este tipo de propósitos, para ir comprobando, que tanto estamos alejados de nuestra verdadera realidad de manifestación, y de estarlo, cómo corregir y encontrar los caminos necesarios para encausarnos.

"La ficción nos hace creer que las ideas y proyectos vendrán hacia nosotros. Es todo lo contrario; nosotros tenemos que ir hacia ellos".

Hay que estar siempre en movimiento, activo y dar pasos seguros, aunque sean pequeños; lo peor que puede pasar es quedarse quieto. Quedarse quieto es el primer indicador de fracaso. *En Abrite Camino entendemos fracaso por no desafiarse a sí mismo en lo que se quiere lograr.*

Manifestar

Implica poder lograr un objetivo. Es poder comprender internamente y observar en lo externo lo manifestado. Lo que era una idea ahora vive internamente y se palpa también en lo concreto. Requiere determinación, y ésta última nos permite ir tomando decisiones en el camino, las cuales encauzan los objetivos planificados y proyectados inicialmente. Estos pasos refuerzan la confianza del emprendedor, en donde suele sentirse protagonista.

En Síntesis: **P**royectar, **P**lanificar y **M**anifestar requiere una importante reflexión por parte de un emprendedor. Otros elementos relevantes, como el orden, la disciplina, la constancia y la determinación basadas en nuestras convicciones, hacen que el proceso pueda vivirse de manera consciente, encontrando y revisando los indicadores de avance hacia nuestras metas.

Actividad y Movimiento

Existen etapas para planificar, para ejecutar y para saber esperar.

PLANIFICAR > EJECUTAR > ESPERAR

Todas estas etapas implican un movimiento específico para la puesta en marcha en las distintas fases de aprendizaje.

Desde nuestro enfoque conceptual y de aplicación, la actividad tiene un carácter dinámico e integral. Un movimiento en el presente, opera al mismo tiempo en el pasado y en el futuro.

Nuestro presente es producto de nuestro pasado, y es la base en donde propiciamos nuestro futuro. O sea que desde este análisis hay una unión de tiempos en nuestro accionar, y cada movimiento en este presente implica, explícita o implícitamente, un movimiento en nuestro pasado y nuestro futuro.

Ahora bien, hay que diferenciar entre un accionar interno y un accionar externo.

El movimiento externo es una consecuencia directa (causa-efecto) de alguna decisión interna, que puede manifestarse consciente o inconscientemente. Desde esta óptica, la manifestación externa es tomada como un movimiento en donde la voluntad se mueve hacia un objetivo determinado.

En cambio, una acción interna, implica una instancia reflexiva, el pensar, el recordar, el discriminar, el discernir, el sentir etc.; podrían ser tomados como movimientos internos.

En ocasiones estos movimientos permiten un cambio de percepción, por ejemplo: posterior a una buena reflexión puede cambiar la mirada de alguna cuestión a analizar, que permite un movimiento en lo externo en forma congruente a lo que se reflexionó internamente.

Lo importante que se hace presente aquí, es que los movimientos internos y externos están íntimamente conectados; el primero está supeditado a la propia intimidad y el segundo ya interactúa con el entorno, movilizando concretamente la voluntad en la esfera física en nuestro accionar.

Queremos acercar un concepto nuevo e integral de concebir un movimiento dinámico que hemos extractado de una investigación en nuestros estudios en la *ciencia Logosófica*.

Solo destacar tres elementos que sirven para entender en forma más simple lo que intentamos explicar.

Todo movimiento implica como mínimo tres movimientos:

Re-mover

Pro-mover

Con-mover

El Re-mover, nos invita a revisar interna y externamente que es lo que deseamos transformar; implica revisar nuestras creencias, nuestras deficiencias y defectos, la posibilidad de resimbolizarnos. En términos de imágenes, sería como remover la tierra donde se quiere sembrar la nueva semilla.

También en esta instancia, en este re-mover uno logra encontrar, recordar y valorar virtudes que ya están en nuestra vida.

Este movimiento nos acerca a eliminar todo tipo de ficción y habitar nuestra propia realidad, con todo lo que eso implica. Sólo desde nuestra propia realidad podemos generar cambios reales.

Remover nuestra tierra, oxigena lo interno y también permite el ingreso de nuevos nutrientes, nuevos conocimientos, que seguramente favorecerá todo tipo de crecimiento y proyección.

Desde una tierra oxigenada y con nutrientes, fácil es pensar que lo que se siembre allí, tendrá mejores condiciones y perspectivas de crecimiento.

En el previo cuidado de la tierra, en el plantar la semilla y cuidar de su posterior desarrollo, uno está **pro-moviendo** un destino mejor.

Pro-mover en este aspecto, está en línea con lo que se realiza a futuro, con lo que se proyecta desde una base propia, que consecuentemente es más segura, ya que uno cuenta con los recursos que le dieron origen.

El último elemento y quizás el más importante es el **Con-mover.**

El conmovernos con nuestros proyectos quizás sea la fuerza que confirma e impulsa el anhelo central, en donde "el querer" y la convicción son los baluartes para encontrar fortalezas y alicientes en los inconvenientes del que decide emprender desde su propia responsabilidad.

Dificultades

Obstáculos, problemas y adversidad:

Quien decide avanzar tendrá que saber que se presentarán en forma opuesta fuerzas que intentarán oponerse en su camino.

Queremos así, abolir la imaginaria idea de que no hay obstáculos y problemas que tenga que afrontar el emprendedor. Tener esto presente nos predispone de antemano en la preparación de los recursos y herramientas para superar dichas situaciones.

¿Por qué siempre hay dificultades?

Desde nuestra óptica, es necesario que acudan dificultades en los emprendimientos. ¿Por qué es necesario?

Porque el emprendedor necesita confirmar lo que quiere realizar. Cuando comienza el emprendimiento se dispara todo un caudal energético que pareciera despertar fuerzas opuestas. La función de estas fuerzas, justamente están para que el emprendedor haga valer su convicción de lo que realmente se quiere conquistar. O sea, que la dificultad es una prueba en donde se puede confirmar, que lo que se quiere es digno para uno. Si el querer no está bien instaurado, es probable que en la primera lucha el "emprendedor" abandone su propósito. Esto es muy típico verlo en la experiencia asesorando emprendedores; es por esta razón que hacemos un fuerte hincapié en el trabajo personal y en instaurar el verdadero querer, para que sus bases sean firmes y fortifiquen la confianza y la dirección del emprendedor en tiempos de dificultades.

Vamos a realizar una serie de diferenciaciones conceptuales de tipos de dificultades:

Realizaremos la diferenciación de tres conceptos:

Los obstáculos, los problemas, la adversidad.

Obstáculos

Los obstáculos podrían aparecer en la vida del emprendedor como dificultades que sólo necesitan de una respuesta rápida y una fuerte intención de "sacarse del camino" dicha dificultad. De utilizar los conocimientos que ya tenemos y accionarlos.

Los obstáculos hay que sortearlos. Quizás con un ágil movimiento puede desaparecer. Por ejemplo: cuando debo realizar un llamado telefónico que vengo postergando, éste ocupa un espacio en mi mente, pareciera hasta molestarme dicha tarea. Si decido sortearlo y rápidamente respondo con la tarea de realizar ese llamado, puedo "sacarme" ese obstáculo de mi mente en forma dinámica.

Los invitamos a la reflexión ¿Cuántos de estos obstáculos tenemos ocupando espacio en nuestra mente hoy en día? y ¿De cuántas postergaciones fáciles de encarar y sortear nos estamos privando? ¿Por qué decidimos con cuestiones sencillas congestionar nuestra mente?

Lo cierto es, que vivimos con obstáculos que pueden ser "sorteados" de manera práctica y dinámica. Los invitamos a comenzar a liberar esos espacios en la mente, para predisponerla a otras funciones y actividades. Seguramente si lo logran podrán sentir la corriente benéfica que le reporta dicha tarea.

Problemas

Los problemas se manifiestan de manera distinta, también podrían percibirse inicialmente como un obstáculo, pero no lo son. Ya una vez sorteados vuelven a aparecer en la vida, como si se volviera a revivir una misma historia, en donde cambian quizás, el escenario y las personas, pero la experiencia interna y externa pareciera ser un déjà vu para la persona. El solo hecho de sortearlo no sirvió para sacar del camino el problema.

Los problemas hay que resolverlos, no basta con sortearlos.

¿Qué significa resolverlos?

Para resolverlos necesitamos **pensar.**

Para poder pensar la primera sugerencia es serenarnos y poder observar como este problema vuelve a reincidir en nuestra vida, intentar detectar causas que nos permitan luego realizar un profundo análisis de la reiterada situación, y extraer de allí la causa que propicia dicho escenario en donde se manifiesta el problema.

Si logramos resolver su causa seguramente este problema no se manifestará más en el camino.

Es cierto que para poder pensar y analizar en profundidad, son muchas las facultades mentales que se ponen en movimiento, quizás sea un gran motivo para profundizar en otra oportunidad. Solo estamos arribando algunas distinciones para que se ordene la forma de percibir y afrontar las dificultades del emprendedor.

Adversidad

Pareciera que cuando el ser humano vive una adversidad, la misma se manifiesta en forma contundente.

Por ejemplo: una catástrofe climática.

A veces hasta llega a la persona como con una carga de injusticia, la mente busca variables para llegar a un juicio razonable, y no aparecen respuestas, dejando al individuo casi a merced de dicha situación.

La adversidad hay que aceptarla, lamentablemente no puede resolverse. Una vez desencadenada la adversidad, la mejor manera de responder es aceptándola (atravesarla) en primera instancia, y luego en momentos de más reflexión, intentar encontrar las causas que pudieron darle origen.

¿Por qué las causas?

Toda adversidad tiene su causa, lo difícil es ver la misma cuando se desencadena; sería como en plena avalancha de nieve intentar ver qué elemento y/o persona la originó. En ese momento hay que tener un sentido realista y dar respuestas en tiempo y forma para resguardarnos. Luego con más serenidad, poder entender lo sucedido. Siempre entender y encontrar las causas nos dan la posibilidad de aprender y corregir nuestros desvíos hacia dónde queremos llegar.

Podríamos decir que la adversidad se manifiesta y se va gestando por la acumulación de problemas que no se han resuelto. O sea lo que no se resuelve tarde o temprano genera una situación adversa.

Por ejemplos: si no resuelvo mis cargas sociales y mis temas impositivos estoy gestando la adversidad de que la oficina de impuestos me intime al respecto.

¿Por qué hay que aceptar la adversidad?

Aquí queremos aclarar que aceptar no significa en lo más mínimo, rendirse y/o dejar de luchar por nuestro objetivo; aceptar desde la perspectiva que lo compartimos, es predisponerse a vivir con humildad, respeto y sensatez la situación adversa; siempre con la convicción de que esa situación me está invitando a una revisión más profunda cuando lleguen tiempos de calma.

Ahora bien, es muy importante no mezclar las acciones mencionadas respecto a los obstáculos, problemas y adversidad.

Obstáculos: **sortearlos**

Problemas: **resolverlos**

Adversidad: **aceptarla**

Solemos por conveniencia o por comodidad negativa no ubicarnos correctamente en las distintas facetas de las dificultades.

Sugerimos realizar una lista de los distintos obstáculos, problemas y adversidades que aparecen en su emprendimiento; y desde allí poder ir afrontando en la ubicación correspondiente cada instancia. Seguramente si realizamos la tarea correctamente veremos con rapidez como se ordenan ciertos temas y cómo nuestra mente se siente más liberada para seguir avanzando.

Prepararse

Demás está decir, en todo ejemplo y en cualquier área, que es evidente que prepararse es beneficioso para cualquier actividad que se desee realizar.

Predisponerse con anticipación, ocuparse de las herramientas, contingencias, recursos, estrategias que voy a necesitar es imprescindible en el arte de crear lo que se quiere.

El hecho de poder pensar los inconvenientes que podrían suceder (contingencias), es de por sí un excelente ejercicio para también prepararse a dar respuestas a las mismas, e ir generando un puñado de acciones para ser más precavido.

En *Abrite Camino*, preguntamos a los emprendedores:

¿Qué es lo peor que te puede pasar?

Esta pregunta dispara en la imaginación de cada uno, la peor de las imágenes catastróficas, en donde el temor se proyecta libremente.

Una vez obtenida la imagen, proponemos a los emprendedores que intenten favorecer los recursos para salir de esa situación. Siempre el resultado es muy beneficioso, ya que al analizar las posibles soluciones se disipa el temor inicial.

Este simple ejercicio refuerza la confianza y ahuyenta fantasías, que luego nos permiten afrontar temores reales que son necesarios revisar.

La preparación incluye un compromiso en mirar con objetividad lo que queremos afrontar.

En el primer impulso de realizar "algo" que nos entusiasma, la ansiedad suele hechizar nuestra visión de realidad, en donde el emprendedor empieza a ejecutar antes de planificar, y en algunos casos, antes de saber qué es lo que quiere realmente. La ansiedad en este sentido anula todo tipo de preparación y desordena la prioridad de los pasos necesarios para lograr un objetivo en forma más ordenada.

Cuando hay mucha ansiedad en el emprendedor, solemos preguntarle:

¿Qué ansías?

Desde ese disparador podemos arribar a un orden prioritario, en donde la persona se suele conectar con lo que está necesitando existencialmente. Siempre surgen aspectos relacionados al fuero personal, que una vez atendidos le permiten pensarse y pensar con más tranquilidad.

"Desde la quietud de un estanque de agua puedo observar que se proyecta en el fondo". Esto mismo intentamos facilitar cuando traemos el concepto de "tranquilidad" en la preparación. Que el emprendedor se proyecte con una visión clara a futuro le garantiza más aciertos, menos equivocaciones y una sensata preparación para los momentos de lógicas dificultades de crecimiento.

En los ciclos de *Abrite Camino*, cuando abordamos el concepto de "objetividad", recurrimos a plantearnos ejercicios en donde fenomenológicamente podamos describir de manera simple aspectos de la realidad.

Describir algo fenomenológicamente, es describir lo que se observa tal cual es, sin atribuirle nada de la propia percepción interna.

Por ejemplo: si estoy describiendo una lapicera, describiré su tamaño, el color, el material, que tiene adentro, etc. Siempre tratando de no atribuir, incluso el concepto "de lapicera", que ya estaría en un plano subjetivo.

Este ejercicio favorece la percepción objetiva de lo que observamos y nos ayuda a revisar y diferenciar el plano subjetivo de lo mismo que se examina.

La objetividad en su aspecto favorable nos permite ver "lo real", "lo obvio" de lo que intentamos proyectar. Esta limpieza de juico nos facilita tener variables más ajustadas al entorno circundante y a posibilidades más realizables.

Ser objetivo y tener visión fenomenológica nos ayuda también cuando necesitamos resolver algún problema y/o cuando precisamos un cambio de rumbo con nuestro emprendimiento.

La subjetividad es otro punto interesante para abordar. Quizás merezca todo un capítulo específico, pero podemos sugerir algunos puntos en relación con el hecho de prepararse.

En el plano subjetivo, suele haber en muchas oportunidades, patrones de creencias conceptuales que suelen limitarnos cuando decidimos afrontar ciertos propósitos.

La subjetividad la vemos relacionada a todas las vivencias que fue viviendo y experimentando cada persona; en donde a través de su propia identidad, configura un criterio único e individual de cómo percibe el mundo y las cosas. En esta percepción del mundo entran todos los conceptos que se pueden conocer: desde "casa", "lápiz", "amor", "profesión" etc.

En *Abrite Camino* trabajamos en este aspecto subjetivo de la persona, ofreciendo algunos recursos, para que estos conceptos puedan resimbolizarse o resignificarse, favoreciendo nuevas oportunidades al emprendedor.

El objetivo en el emprendedor integral es que tanto la objetividad como la subjetividad funcionen en forma equilibrada.

"Prepararse", en este sentido, asegura en gran parte el acierto de las decisiones, la visión del proceso y los recursos necesarios para dar respuestas a las circunstancias que pudieran presentarse.

El tiempo

Este concepto en muy importante analizarlo para la vida del emprendedor, y también para cualquier proyecto en donde se intente realizar cualquier tipo de proyección a concretar.

¿Qué entendemos por tiempo?

Del latín *tempus*, la palabra **tiempo** se utiliza para nombrar a una **magnitud** de carácter físico que se emplea para realizar la medición de lo que dura algo, que es susceptible de cambio. Cuando una cosa pasa de un estado a otro, y dicho cambio es advertido por un observador, ese período puede cuantificarse y medirse como tiempo.

"Dimensión física que representa la sucesión de estados por los que pasa la materia".

"Período determinado durante el que se realiza una acción o se desarrolla un acontecimiento".

Podríamos decir, que en el tiempo transcurre la vida de las personas y de la historia de la humanidad.

Es como una cinta transportadora en donde se van fijando las experiencias vividas, dándole un orden, una secuencia y una proyección.

Si bien en la actualidad, en nuestra cultura, el tiempo es tomado como punto de organización horaria que equilibra las distintas actividades de la comunidad; antiguamente sabias civilizaciones lo percibían con mayor profundidad, dándole un orden sagrado en su cosmovisión, en donde el concepto no solamente permitía cierto orden en su civilización, sino también en un plano intraindividual, revelando secretos que contenía "el tiempo", favoreciendo todo tipo de evolución en forma integral.

Analizándolo desde la naturaleza, todo proceso natural tiene su tiempo de gestación, maduración y muerte. En dicho proceso transcurre un tiempo que permite la realización del mismo.

Antes de que apareciera la unidad de tiempo, que obviamente le permitió al hombre medir, investigar y tener injerencia sobre ciertos procesos, existían los ciclos de la naturaleza, donde podría apreciarse un tiempo natural, (el día y la noche, la vida y la muerte) evidenciando el primer gran paso para entender que existían en la naturaleza ciclos recurrentes en la vida. Esta observación permitió luego generar una "unidad de tiempo" y así, medir estos procesos e interactuar con ellos.

El tiempo tiene también un aspecto subjetivo que no podemos dejar de nombrar, en donde en cualquier situación corriente podemos percibir esta realidad. Por ejemplo: en una película que convencionalmente dura dos horas, quizás subjetivamente para una persona, puede percibir que transcurre una hora de tiempo, y para otra tres; esto le atribuye a este concepto una connotación sumamente subjetiva de cómo se experimenta y vivencia el tiempo.

La unión de los tiempos es otro abordaje interesante para plantear.

La idea de un tiempo **pasado-presente-futuro** integrado.

Si logramos amalgamar estos criterios podemos llegar a la siguiente conclusión:

Nuestros pasados fueron en algún momento nuestros presentes. Entonces el presente que estamos viviendo quizás sea el pasado de nuestro futuro, y ese futuro un nuevo presente.

Si podemos entender que este momento, este presente, es una consecuencia de nuestro pasado, y utilizamos toda la experiencia recogida, sumando los elementos actuales, para afrontar cuestiones existenciales necesarias; no solamente estaríamos afrontando situaciones del presente, sino también, lo estaríamos haciendo en el pasado y en el futuro.

En consecuencia, si nuestro presente cambia, se resimboliza nuestro pasado y nos promovemos un nuevo futuro.

Insistimos, que el concepto de tiempo encierra más secretos y misterios que han inquietado a la humanidad desde siempre.

En referencia a los ciclos de emprendedores vamos a trabajar con dos enfoques en relación con este concepto:

El tiempo lineal y el tiempo integral.

El tiempo lineal es aquella unidad de medición que nos permite realizar procesos a corto y largo plazo, teniendo en cuenta un único objetivo.

Siendo consciente de este tiempo lineal el emprendedor puede planificar movimientos y estrategias para lograr lo que se propone. Tener conciencia de lo que transcurre en el tiempo lineal nos organiza, dándole orden y consecución a las distintas instancias. La consciencia de este tiempo nos permite luego revisar las acciones realizadas, extractando los pasos necesarios para elaborar, repetir y/o enseñar el objetivo logrado.

Es indispensable que el emprendedor se maneje muy bien con este tipo de tiempo, ya que le permite generar indicadores de avance claros en la creación y despliegue de su emprendimiento.

El tiempo integral nos invita a realizar un revisión más abarcativa de cómo se realizan más de un objetivo al mismo tiempo, sin perder de vista ninguno de los procesos.

Este aspecto permite una visión más integral en el emprendedor sabiendo que la imagen de un emprendedor exitoso, no es solamente obtener un emprendimiento profesional y rentable, sino que dicho éxito también está acompañado de una vida rica en todo sus sentidos; familiar, personal, social, y espiritual, si lo hubiere.

Si el emprendedor no se capacita en habitar el tiempo integral, puede encontrarse a futuro con un desequilibrio muy grande entre su vida profesional y su vida personal, no habrá podido equilibrar y aprovechar el tiempo en su vida.

Lo cierto es que el uso y la consciencia del tiempo encierran aspectos profundos en lo interno de la persona y también elementos precisos en los campos de aplicación.

Durante todo el temario de *Abrite Camino* el tiempo es revisado en las distintas instancias del proceso individual y de matriz grupal de sus participantes.

Creatividad e innovación

¿Existe algún emprendimiento sustentable sin creatividad e innovación? Son dos grandes elementos que han ido acompañando al ser humano durante siglos. En la actualidad los tiempos y la necesidad de ser creativo e innovador se han acelerado. Estos atributos son infaltables en la vida del emprendedor exitoso del presente y del futuro.

Todo emprendedor debe ser creativo e innovador.

¿Qué es ser creativo?

La creatividad para nosotros es el origen basal y causal del emprendimiento. La creatividad tiene que ver con la capacidad que tiene el ser humano de crear. ¿Qué creaste en tu vida? ¿Qué creas de nuevo en tu vida cada día? ¿Qué tiempos te tomas para crear? El acto de crear está relacionado con el mundo de las ideas y con la sensibilidad. Hay un esfuerzo mental que debemos hacer para obtener más ideas. Se presentan ideas por dos razones: a veces por necesidad; es decir tengo una situación o un problema y para resolverla tengo que crear respuestas para esa solución.

La que más nos gusta compartir en *Abrite Camino* es la que se crea por proyección, por entusiasmo, fruto de la voluntad propia.

En todas las empresas y emprendimientos, hoy es necesario y "obligatorio" tener un área de creatividad e innovación. Los creativos son los que tienen las ideas y los innovadores las que las llevan a la práctica.

Tener un pensamiento divergente buscando opciones, es tener pensamiento lateral. Hay que tener en cuenta que el proceso de creatividad es dinámico y continuo en el tiempo. El avance de la tecnología hace que lo creado en este momento se convierta en algo de pensamiento lineal en poco tiempo.

O sea, que siempre debemos ir por más creatividad. La revolución tecnológica hace que esto sea continuo.

Se acabó el mundo en dónde las cosas inventadas duren en el largo plazo. Todo lo creado es del corto plazo y alimenta el próximo avance.

Ser creativo e innovador es un competencia esencial que debe tener un emprendedor.

Equilibrio

¿Qué es el equilibrio?

Solemos hacer esta pregunta en los talleres de emprendedores.

Muchos emprendedores definen el equilibrio como un estado de armonía. Otros como un ideal al que nunca llegan.

¿Qué es el equilibrio para vos?

El equilibrio en el emprendimiento se va conquistando poco a poco.

El equilibrio necesita de fuerzas opuestas y de fuerzas complementarias ¿Cuáles son mis fuerzas opuestas?

En el ejemplo del sube y baja (juego de niños), el equilibrio es estar situado en la mitad del mismo. Por momentos estamos de un lado o del otro, pero la instancia simétrica del equilibrio requiere una compensación exacta.

Vale aclarar que no siempre estar equilibrado es lograr una sana compensación entre los opuestos antagónicos.

Si los opuestos fueran complementarios el equilibrio será establecido por el accionar consciente, entendiendo la medida justa en base al contexto y/o lo que se necesite en tiempo y forma, siempre teniendo una diligencia dinámica que permita ser asertivo en cada movimiento.

"Estar en movimiento es la forma de lograr el equilibrio". No se puede encontrar el equilibrio de algo sin el movimiento. Hay que conciliar las fuerzas opuestas antagónicas y complementarias. En el ejemplo de un "trompo", la falta de movimiento hace que el trompo caiga y no pueda seguir girando. Un elemento importantísimo en el equilibrio es la velocidad del movimiento. En este caso a mayor velocidad, más equilibrio y más tiempo permanece el trompo en su accionar estable y activo. Es un desafío encontrar la propia velocidad, estar en movimiento no quiere decir ir siempre rápido y apurado. Reflexiona en base estos conceptos, qué aspectos necesitas equilibrar para tu ser emprendedor.

Nota:
El equilibrio refiere a un estado de estabilidad o de balanceo/compensación entre los atributos o características de dos cuerpos o de dos situaciones.

Se denomina equilibrio al estado, en el cual se encuentra un cuerpo cuando las fuerzas que actúan sobre él se compensan y anulan recíprocamente.

El concepto de "equilibrio" encuentra su procedencia del latín "aequilibrium". Esta palabra es la unión de dos conceptos diferentes, el concepto "aequus" que significa lo igual y el concepto de "libra" cuya acepción más próxima es balanza, balance o peso. Se refiere al igual peso, balance, o a la equivalencia entre todas las influencias que se compensan.

Ser profesional

El profesionalismo es un reflejo importante de una persona que gusta de lo que hace, que cuida y perfecciona en el tiempo lo que realiza en su vida profesional.

En los ciclos de *Abrite Camino* trabajamos con este concepto, ya que consideramos que es algo que se construye en el tiempo y que está profundamente relacionado con las bases del emprendedor y el objetivo del emprendimiento. En un ser profesional se detectan atributos actitudinales que confirman el compromiso del emprendedor con lo que quiere realizar.

La cultura tiende a asociar el concepto de "profesionalismo" a los títulos académicos que se ha alcanzado en la sociedad. Si bien el estudio académico nos asegura el dominio de conocimientos técnicos para la profesión que se estudia, no garantiza que la persona cuando ejerza su profesión sea "profesional". O sea, puedo tener los conocimientos para ejercer una profesión pero puedo NO ser profesional cuando la ejerza.

Esta es la paradoja desde nuestra observación; lo que hace a un ser profesional, es como combina los conocimientos que tiene con la intención de atención y cuidado que pone al servicio de lo que decide hacer.

Hay un sin número de ejemplos en donde personas que no tienen estudios académicos son muy profesionales en lo que emprenden.

Por lo tanto cada emprendedor parte de los conocimientos que ha sabido atesorar. Lo más importante es establecer una conexión entre lo que hago y el para qué de lo que hago. Si esto se logra, el profesionalismo en lo que se hace es algo natural; en donde el emprendedor le dedica tiempo al contenido, a la comunicación, a la interacción con el cliente, a los detalles, al perfeccionamiento, de todo lo que realiza.

En la práctica con los grupos que recibimos, notamos muchos prejuicios asociados a este concepto; y vemos objetivamente que cuando se profundiza en el mismo, se renuevan las energías y las actitudes se vuelven más comprometidas.

Es importante, partiendo de este punto, trabajar también en cómo nos vamos "actualizando", tanto en lo técnico, tecnológico y en el marco actitudinal, para que siempre se vea hacia adentro y hacia afuera el "profesionalismo" que se declara en nuestro accionar.

El valor y el temor

Estas dos energías aunque se presenten en forma muy antagónica, tienen fuertes implicancias en el proceso del emprendedor.

A simple vista podríamos catalogar al temor como una energía negativa y al valor como energía positiva; pero esto sólo podría apreciarse en forma superflua, ya que las dos energías contienen su "luz y su sombra".

Vida animal.

Temor-Miedo

Si analizamos al temor desde su función de autoconservación, no la llamaríamos temor, sino MIEDO.

Podríamos decir que el miedo cumple una misión funcional en la vida animal. Esta energía ha permitido a toda las especies preservar su vida frente a la amenaza de sus depredadores y ante posibles catástrofes naturales. En este sentido su función instintiva de preservación responde a los principios de la naturaleza y al cumplimiento de ciertas leyes que parecen regularla.

Frente a la presencia del miedo pueden observarse las siguientes características en la vida animal:

- Atención
- Observación
- Ocultamiento
- Huida
- Preparación para la defensa

Todas estas características están al servicio de preservar la "real amenaza" de vida que sufre el animal en esta situación. Podríamos decir que el miedo recrea una suerte de resguardo ante posibles peligros en la cadena natural animal.

Valor-Agresión

El concepto de valor, no podríamos describirlo desde la óptica de la vida animal, debido a que, esta fuerza energética le es propia al ser humano.

Si, se puede observar en la vida animal, en ciertas situaciones, por ejemplo, cuando una especie enfrenta a una presa en busca de alimento, un abordaje que podría confundirse con el valor, en donde el animal despliega una **fuerte agresión**, decisión de ataque, astucia, rapidez, voracidad, dominio y determinación precisa en la conquista de su objetivo, que en este caso, sería alimentarse, defender su territorio y/o su cría.

Se observa en la naturaleza que esta agresión, sustenta la vida, permitiéndole a cada ser vivo actualizarse, siempre con una tendencia al crecimiento y a brindarse perspectivas de adaptación favorable para su especie.

En otros capítulos ya nombramos el concepto de **tendencia actualizante** en seres vivos.

Es importante realizar estas aclaraciones y distinciones entre **Miedo-Temor y Valor-Agresión,** ya que al analizarlo desde la óptica del ser humano, estos conceptos merecen ciertos detenimientos.

El temor y el valor pertenecen a la potestad del ser humano, por ser él, el único capaz de "pensar" por sí mismo, dándole esta condición la posibilidad de generar una construcción perceptual representando estos dos atributos.

El temor humano

El temor es una fuerza que puede tanto preservar la vida de una persona, como también "paralizarla".

Desde una óptica organísmica, y en términos de preservación de la vida, el temor cumple una función instintiva similar a la que recrea el miedo en la vida animal. Esta característica también ha funcionado, en forma casi hasta autónoma, para intentar preservar la especie humana. El ser humano huye cuando siente que su vida corre riesgo, se oculta, produce un estado adrenalínico en donde su atención se prepara cuando se siente amenazado.

Cuando la amenaza de vida es "real" el temor cumple una función perfecta.

El problema surge cuando el temor que vivencia el ser humano, se encuentra en un plano quimérico. Cuando la amenaza que siente tiene ribetes subjetivos, los cuales son propios a la psicología humana, hacen que la persona huya de situaciones, que muchas veces aparecen en la vida con claros objetivos de crecimiento.

Subjetividad del Temor:

Como ya hemos visto en otros capítulos, el ser humano va generando conceptos de las experiencias que va viviendo y experimentando. En términos psicológicos, va creando constructos, introyectando conceptos que incorpora y fija en su sistema perceptual; en donde los mismos, tienen una fuerte carga emocional, desde donde percibe y le da significado a cada concepto que recrea en su vida.

Estos constructos empiezan a formar parte de *la identidad* que se cree tener.

El temor en su función instintiva de preservación también actúa en lo psicológico, y siempre va a intentar "defender" lo que la persona considera como su identidad (conformada por dichos conceptos introyectados).

Ahora bien, si el crecimiento y la evolución nos piden "implícitamente" en dicho avance, revisar cómo han sido grabadas y fijadas ciertas vivencias, la "vieja identidad" puede sentirse amenazada, y allí es donde casi inconscientemente el temor instintivo, "hace que el ser huya" y se pierda la posibilidad y oportunidad de resimbolizar sus constructos; lo cual le permitiría actualizar al campo perceptual, nuevas experiencias que la vida le presenta para seguir su crecimiento y evolución.

Entonces, habría siempre que revisar ante cualquier experiencia, si el temor es real o ficticio.

Si el temor que se percibe es real, el individuo está ubicado en tiempo-espacio y puede analizar las variables fenomenológicas y encontrar en su entendimiento que hay un verdadero peligro, allí "el temor bien aplicado" lo preserva y cuida de su proceso.

Por contrapartida, si el temor preserva y cuida ciertos prejuicios y creencias (vieja identidad) que ya no actualizan a la persona, su función es negativa y defensiva, impidiéndole al individuo resimbolizar lo que necesita.

Allí es donde decimos que el ser humano puede paralizarse por temor.

En relación con nuestros emprendimientos, es interesante realizar este ejercicio de preguntarse, si los temores que se presentan son reales o ficticios. Si son reales podemos utilizarlo en base al crecimiento como un indicador de "prevención" y resguardo de los movimientos que realizamos en nuestro emprender. En cambio, si observamos que es ficticio el temor (construcción perceptual basado en experiencias pasadas), quizás sea un indicador para empezar a confrontar con nuestras limitaciones, prejuicios, conceptos, dándole a nuestra experiencia oportunidades de desarrollo y crecimiento, ajustadas a las necesidades vitales que impulsan un avance más congruente con nuestros objetivos.

El valor

Como comentamos previamente, el valor es una fuerza que le es propia al ser humano. La misma está íntimamente relacionada con nuestras convicciones. Podríamos decir, que son ellas las que inspiran al valor.

En ocasiones, se observa que esta fuerza puede aparecer en situaciones de adversidad. Por ejemplo: frente ante una catástrofe; donde la vida corre riesgo, surge, en oportunidades, una fuerza desbordante, que incluso sorprende a la propia persona, la cual le permite atravesar dificultades que parecían casi imposibles.

Sin bien aquí el valor se presenta en la conducta de la persona, su accionar se dispara como respuesta a una situación emergente, casi como "respuesta inconsciente" en donde el individuo toma registro del peligro y acciona. Este tipo de experiencias hacen que el valor se mueva por "necesidad"; y si bien su respuesta es efectiva, no hay aquí una determinación que lo genera. Todo este proceso es de orden inconsciente y/o subconsciente, dejando al margen el propio entendimiento y decisión de la persona.

El valor que deseamos recrear y analizar en los ciclos de emprendedores tiene otra base de abordaje.

Sugerimos aquí, que el valor tiene que accionarse conscientemente, en donde la propia voluntad se alinea con esta fuerza en busca del objetivo.

Decimos que la determinación de "invocar" el valor, surge inicialmente, de la claridad del objetivo y de las fuertes convicciones que se tenga para realizar el camino hacia esos anhelos. Siempre este tipo de valor no parte de las necesidades emergentes, sino de la fuerza de superación que se tenga. Este "valor" lucha contra las propias limitaciones, dándole otra consistencia, confianza y fortaleza a la persona y al propósito que la inspira.

El valor del dinero

Este capítulo tiene una connotación realmente importante desde nuestra perspectiva de trabajo, ya que el concepto del dinero tiene varias aristas para poder analizar, revisar y reflexionar en cómo nació y fue evolucionando este concepto tan vigente en la actual civilización.

En la antigüedad, previo a la existencia del dinero, el trueque fue el medio por el cual se intercambiaba el valor que se le atribuía a los bienes, objetos y profesiones que se propiciaban entonces. Este sistema permitía una sana compensación, en tanto a las necesidades de cada cual, y en lo que se tenía para dar; obteniendo un beneficio y/o remuneración mediante otro bien, que en tal situación se necesitara.

Con el tiempo, el desarrollo del trueque se fue complejizando y dificultando, ¿Qué objetos tienen más valor? ¿Siempre lo que me dan a cambio es lo que necesito?

Las dificultades inherentes al trueque llevaron a utilizar diversos bienes para facilitar los intercambios. Estos bienes convertidos en instrumentos generales de cambio dieron origen a las primeras formas de dinero.

A lo largo de la historia, se han utilizado muchos tipos de bienes como medios generales de pago; buscando bienes con un valor estable, de alto valor en relación con su volumen y disponible en cantidades suficientes a las exigencias. También se ha exigido que sean bienes fácilmente almacenables, que puedan ser transportados sin dificultad, divisibles, inalterables y no perecederos.

La obsidiana de Anatolia, usada como materia prima para la fabricación de herramientas en la edad de piedra se utilizó ya 12 000 antes de Cristo como una forma de dinero, en el comercio organizado en el noveno milenio (Cauvin; Chataigner 1998). En Cerdeña, donde se encontraba uno de los cuatro yacimientos principales de obsidiana del Mediterráneo, su comercio fue sustituido por el de cobre y plata en el tercer milenio.

Ya en 9000 a. C. se utilizaba tanto el grano y el ganado como dinero o como elemento de trueque (Davies) (el primer grano encontrado es considerado como evidencia de la fecha de las prácticas preagrícolas en el 17 000 antes de Cristo). La importancia del grano con respecto al valor del dinero es inherente en el lenguaje donde el término de una pequeña cantidad de oro era "grano de oro".

En los primeros casos de comercio con dinero, la mayor utilidad y fiabilidad de los bienes para ser reutilizados y vuelto a intercambiar (su comercialización), determinaron su elección como objeto de intercambio. Así, en las sociedades agrícolas, los bienes necesarios para la producción de cereales de una forma eficiente y cómoda eran los que más fácilmente adquirían significación monetaria en los intercambios directos.

Las sociedades fueron seleccionando algunos metales como el oro, la plata y cobre como bienes óptimos para funcionar como dinero. Estos metales circularon en principio al peso, en forma de pepitas, en telas y almidón, en polvo etc.

La historia nos va mostrando inicialmente como los bienes que fueron desarrollando los individuos fueron circulando en términos de trueque, y luego ya con un objeto que representaba dicho valor de intercambio (dinero).

Es importante entender este concepto de "intercambio", ya que en la utilización de este medio siempre se da y se toma algo.

En la actualidad, el uso y la especialización en cuanto al dinero se ha desarrollado profundamente. Los sistemas económicos mundiales regulan, administran y gestionan los distintos engranajes, en donde "el dinero" es actor protagonista de una

72

película compleja, en donde no siempre los resultados son beneficiosos en cuanto a la visión humanística y la evolución de una idea global de supuesta equidad.

Y aquí no es "el dinero" el responsable, este es solo un indicador por el cual se permiten ver cuestiones de base en el intercambio con el mismo, en donde se puede observar **qué bienes** se intercambian, **para qué** se intercambian y **con qué** objetivo.

Estos bienes pueden ser bienes morales y/o bienes materiales, como por ejemplo un conocimiento y/o un inmueble.

Lo interesante aquí, es entender, que todo bien obtenido en forma lícita, lleva consigo un esfuerzo, en donde el mérito de obtenerlo dignifica el logro, dándole "valor" a dicho bien.

Muchas teorías económicas y filosóficas se han basado en sistemas en donde la regulación y administración del dinero no solamente han delimitado o ampliado la forma de intercambiarlo, sino también que han condicionado en cierta forma la cosmovisión de percibir al ser humano.

No es lo mismo una persona que nace en Cuba en 1980, que un individuo que nace en Suiza en la misma década.

¿Podríamos afirmar entonces, que el concepto del dinero está atravesado culturalmente?

En este fenómeno, la creación del concepto, se constituye no solamente por el del intercambio (demanda-beneficio) sino también, que estaría interpenetrado por las creencias (religión . política), la tradición, la cultura y la cosmovisión general, dando espacio, inicialmente, a generar en forma colectiva, una manera de posicionarse frente al dinero y a su futura adquisición y administración.

Ejemplo: no es lo mismo alguien criado en un pueblo capitalista que en un pueblo comunista. Su percepción seguramente esté influenciada por "la manera de vivir" y en ella, las distintas formas de interpretar, analizar y concebir el "dinero".

De estas observaciones podemos ir arribando también al aspecto subjetivo del concepto. Y con esto posicionarnos no solamente en la visión colectiva de su influencia, sino también, en cómo repercute individualmente.

Aquí podemos sumar a las influencias ya nombradas, una más cercana y que todos hemos vivido, "la cosmovisión del dinero en nuestra familia de origen". Hemos notado que las experiencias que se van viviendo en nuestras familias con relación al dinero también condicionan positiva y/o negativamente la autopercepción del mismo.

Haciendo una síntesis, podemos decir, que el dinero es un concepto que influye no solo en cuestiones de autosupervivencia, sino también que interpenetran la esfera perceptual del ser humano "casi condicionándolo" a las expectativas del entorno y la cultura.

Cómo abordarlo

Teniendo en cuenta todo lo expuesto, en *Abrite Camino*, promovemos una fuerte revisión del concepto del dinero.

La revisión consiste en poder analizar en la cultura y en nuestra vida personal como ha circulado la experiencia del dinero.

Como observamos en capítulos anteriores, las experiencias que vivimos también quedan fijadas en nuestro campo perceptual con una fuerte carga emocional, generando constructos y creencias de dicha vivencia.

Si por ejemplo, alguien sufrió una caída económica en el quiebre de su empresa, puede asociar a dicha experiencia un sentimiento de derrota.

El ser humano es integral y suele vivir organísmicamente todo lo que le ocurre, sea consciente o no de los mecanismos internos, las vivencias afectan positiva o negativamente su área mental, emocional y física.

74

Es muy importante revisar estos aspectos para poder evidenciar primero, y desarticular después, las creencias y prejuicios negativos que se relacionaron en cada persona con relación al dinero. Sólo así podemos ubicarnos correctamente, o mejor dicho "naturalmente" frente al mismo.

Lo natural sería percibir al dinero como un medio que le da valor y movimiento a los bienes materiales o morales que hemos obtenido en nuestra vida.

En nuestros ciclos de formación solemos observar que a los emprendedores les cuesta vender su trabajo, o sea darle el valor monetario que corresponde al producto que comercializan.

Es muy común ver como les cuesta generar estrategias comerciales con lo propio, vendiéndolo prácticamente al costo.

Este es un ejemplo claro, en donde *valoro afuera en idéntica proporción de cómo me valoro adentro.*

Lo que quiero vender o intercambiar, no tiene en este ejemplo, un equilibrio entre el esfuerzo que se invirtió en lograr ese bien y el intercambio que se ofrece.

Aquí seguramente hay prejuicios y constructos inconscientes influyendo en forma negativa en los objetivos del emprendedor.

Como bien venimos aclarando, una visión más integrada del emprendedor, implica el trabajo sobre aspectos "neurálgicos" que influyen en la vida de la persona, y este lo consideramos central.

Aclaramos nuevamente, que el dinero no es el problema, sino las piezas que mueve internamente cuando nos paramos frente a él.

Abordar este concepto, nos da la posibilidad de deshacernos de limitaciones perceptuales, que nos habilitan en consecuencia, a una mayor libertad y consciencia del uso y del verdadero valor de dinero.

Liderazgo

Desde los ciclos de *Abrite Camino* trabajamos en cuatro tipos de liderazgo, tanto en la construcción del emprendedor y su emprendimiento.

El liderazgo que categorizamos como nro.1, es el que más incorporado está en la conciencia colectiva. Cuando pensamos en liderazgo, la primera imagen que acude es la de alguien liderando a un grupo de personas. Que esta imagen este incorporada no significa que este profundizado el cómo lideramos a las personas que nos toca guiar hacia un objetivo común y movilizador. Por lo tanto, es todo un proceso aprender a liderar, "guiar" personas hacia objetivos productivos y de bienestar. Aquí, entran en juego acciones como la comunicación asertiva, la visión del objetivo, la delegación efectiva, los estilos de liderazgo según cada circunstancia, la agilidad para intervenir en tiempo y forma, entre otros.

Lo que queremos destacar, es que hay un movimiento que es del líder "hacia abajo", y que esto promueve varios aprendizajes que hacen a estar en una relación asimétrica, dada por el rol sistémico organizacional.

Ahora bien, en el Liderazgo nro. 2, la ubicación del rol cambia, por lo tanto el líder tiene otro desafío. El liderazgo aquí es entre pares, lo cual lo pone ante otras circunstancias y experiencias de distinto tipo y orden. Aquí el líder (emprendedor) tiene que aprender a conciliar, a generar acuerdos comunes, a distribuir roles de igual jerarquía pero distintas funciones, etc.

76

Esta experiencia en la vida del emprendedor se pone en marcha cuando decidimos tener un socio. Profundizar en el liderazgo entre pares para generar buenas bases estructurales y funcionales del emprendimiento.

El liderazgo nro. 3, es el que se desarrolla "hacia arriba", o sea las habilidades que desempeño para dejarme liderar por otros y/o las ubicaciones que tomo frente a los que me lideran para obtener mis objetivos fijados.

Este tipo de liderazgo es muy importante, y suele observarse que cuando no se tienen estas habilidades, muchos proyectos y objetivos se malogran, por no tener desarrolladas actitudes que también hacen al emprendedor. Dicho vulgarmente sería "la cintura política" para moverse en las distintas circunstancias que se le presentan al emprendedor en la conquista de sus objetivos. El concepto de adecuación es importante estudiarlo en profundidad en este caso, ya que este tipo de liderazgo necesita tener una mirada de contexto amplia para entender como ejercer su función.

El liderazgo nro. 4, al cual consideramos el más importante, es el liderazgo sobre sí mismo; y este compete a todo el trabajo personal que realice la persona sobre sus criterios de autoconocimiento, que es naturalmente, lo que pondrá al servicio de los tres tipos de liderazgo restantes.

Goleman, señala en sus escritos, cinco actitudes básicas que definen a un líder: la autoconciencia, la empatía, motivación al logro, autocontrol emocional y las habilidades sociales. Si estas actitudes están incorporadas en una persona que quiere ocupar roles de liderazgo, tendrá aptitudes más que interesantes para llegar a sus objetivos. Siempre aconsejamos en los ciclos de emprendedores realizar un importante análisis de este punto para establecer con convicción del trabajo de estas actitudes básicas para liderar y liderarse.

Supervisión y continuidad

En la realización del objetivo, tanto durante el proceso y luego de lograrlo, la continuidad es imprescindible para que el camino sea armónico, gradual y con más variedad de recursos.

Para llegar a generar continuidad en los procesos, necesitamos, como ya venimos diciendo, tener fijado "nuestro querer", pero en este caso en particular, es importante desarrollar la posibilidad de "estar atento", de mantener el foco en base al objetivo. Esta atención es lo que permite no solo detectar los indicadores de avance, sino también, las necesidades que emergen en ese dinámico proceso.

Si se logra identificar dichas necesidades, puede el emprendedor acudir e ir equilibrando y reforzando las distintas instancias del camino.

Si el emprendedor está "atento" consecuentemente, esta nueva forma de presencia derivará en un hábito; y una vez lograda esta virtud en hábito, será mucho más fácil y natural resolver las necesidades de avance y siempre llegar a tiempo para ir asistiendo los distintos desafíos de crecimiento.

La continuidad, muchas veces nos da la posibilidad de prevenir dificultades y estar "al día" para con nuestro emprendimiento.

Siempre compartimos en los seminarios, que la continuidad hay que construirla, hay que ejercitarla para que su reacción benéfica sirva de base y estímulo para instaurarla.

En la continuidad el emprendedor desarrolla otra virtud totalmente necesaria, la disciplina; vital para los procesos, no solo de planificación estratégica, sino también para la ejecución de las decisiones que se van tomando.

Siempre invitamos a la reflexión de que la disciplina tiene que establecer un "orden flexible", un orden que permita la revisión de los pasos que se van dando. En algunas ocasiones una disciplina rígida puede paralizar y malograr objetivos valederos.

La flexibilidad no debilita en lo más mínimo la firmeza de querer llegar a los objetivos planteados, solo le brinda al que emprende la elasticidad para afrontar las dificultades que puedan surgir. En ocasiones hay que girar el timón y cambiar hacia un rumbo mejor; a veces el exceso de rigidez y la obstinación, demoran esta decisión, y suele perderse una gran oportunidad para el desarrollo de algún aspecto del emprendimiento.

La supervisión es otra de las sanas costumbres que debería, desde nuestra óptica, ser parte de un emprendedor.

A quien emprende, se le sugiere, ir revisando los logros que va realizando y los puntos de ajuste en las mejoras; podría decirse, que, quien no analiza lo que logra, no puede capitalizar en forma consciente lo que logró; ni tampoco puede repetirlo a futuro. Ser consciente de los movimientos que se realizan nos da la posibilidad de entender los mecanismos y estrategias que se pusieron en juego, y desde allí obtener la forma de repetirlo y de poder enseñarlo a otros.

Siempre decimos que no sirve de mucho quien anota en su cashflow sus gastos diarios, pero luego a fin de mes, no hace un balance para detectar sus grietas en su economía. En este caso se estaría perdiendo tiempo, y la tarea que tenía una función de orden y análisis resulta estéril. Es muy importante consignar todos los movimientos, pero es también primordial replantearnos y preguntarnos, para qué vamos a utilizar dichas notas.

En los ciclos de *Abrite Camino*, el concepto de supervisar es muy entrenado, tanto por los facilitadores, por los emprendedores y sobre todo, por la matriz grupal que se va formando por la sinergia de cambios y afectividad que circula entre los integrantes. Es muy normal ver como entre los emprendedores se ayudan y se aconsejan tratando de analizar los aspectos a mejorar y también señalando los aciertos que pudieron alcanzar.

Siempre compartimos que esta matriz grupal es la que permite

Comunicación y despliegue

Cada vez que llevamos a los emprendedores el concepto de comunicación, surgen como primer abordaje y respuesta preguntas como las siguientes:

¿Qué puedo hacer para promocionar mis productos/servicios?

¿Qué tengo que contemplar para diseñar mi propia marca?

¿Qué herramientas/canales tenemos disponibles para difundirla?

¿Cómo y por dónde comenzar?

¿Cuánto invertir para dar a conocer mis productos o servicios?

Como podemos observar, todas estas inquietudes se focalizan en aspectos de comercialización y posicionamiento de los distintos productos que cada emprendedor genera y ofrece.

Pero la comunicación implica instancias de mayor alcance cuando entendemos su objetivo integral.

Comenzando por el modelo básico que implica una comunicación, encontramos que existe un emisor y un receptor; en la interacción que allí se produce es donde viaja el mensaje, ósea el producto o servicio, lo que hacemos implícita o explícitamente.

Allí es, donde en términos más internos, comunicamos nuestra visión, nuestra identidad, nuestros valores.

En esta inter-fase, no solamente circula el producto que se ofrece al emisor, sino también que llega," el cómo se dice", "el cómo se hace", el proceso de gestación de dicho producto y la esencia del emprendedor.

Ejemplo: si el emprendedor es desorganizado en la administración de su tiempo, por más empeño que ponga en contratar una empresa de comunicación para que comunique "que siempre está atento al cliente", es posible que el producto, debido a su desorganización, no llegue en tiempo y forma.

En comunicación tarde o temprano se comunica lo que somos.

Como bien venimos compartiendo desde el comienzo del libro, lo más importante es generar las bases y las raíces a la propia medida, para que luego al comunicarlas exista una estrecha congruencia entre lo que comunico y lo que soy en identidad como emprendedor. En estos términos una buena campaña de comunicación genera expectativas en los clientes, pero ésta última deberá ser cubierta por cada emprendimiento.

¿Cómo aprendo a comunicar mi identidad como emprendedor?

Este es el desafío que tenemos a cargo. Partiendo desde nuestra identidad como emprendedor, empezaremos a poner foco en cómo se puede comunicar, con la posibilidad de expandirse en el nuevo paradigma.

Es muy importante estar ubicado en tiempo y espacio, para poder mirar al mercado en donde deseamos comunicar. A continuación presentamos un breve punteo de emergentes comunicacionales de los mercados actuales:

- Saturación de la oferta
- Aceleración del consumo
- "Bombardeo comunicativo" / Proliferación de medios
- Homogeneización de los productos y servicios
- Cambios cualitativos en públicos / audiencias

Dichas características desafían a cada emprendedor en su creatividad e innovación constante para que lo que desean comunicar llegue al destino correcto.

La nueva era, en cuanto al consumo y comunicación ha generado un tipo de consumidor (receptor) con características también específicas que es necesario tenerlas muy en cuenta. Ya no solamente basta con hacer un buen folleto y poner dinero en una campaña. En la actualidad, la creatividad e innovación es el nexo real entre el emisor y receptor; y en ese trabajo de proyección comunicativa deberá contener un fuerte grado de empatía en saber quién es el consumidor y que necesita, y aún más, cuando lo necesita y como lo necesita.

Nace un nuevo tipo de consumidor:

Aspiracionales

- Buscan un sentido de pertenencia y ven a marcas e instituciones como insignias de su propia identidad.
- Quieren ser escuchados, invitados a formar parte, que su voz sea considerada en las decisiones (co-crear).
- Anhelan destacarse por su estilo y estatus, y no actúan como influenciadores culturales en búsqueda de validación social y valoración.
- Quieren plataformas de acción, asociarse a sus marcas para generar cambios e impacto positivo.

Como se observa, el nexo de comunicación que se establece actualmente no es lineal, esta atravesado por una cantidad de variables que inicialmente puede marearnos a la hora de intentar posicionar nuestra marca, también trayendo consigo algún fracaso en alguna campaña por no entender las nuevas reglas del juego del paradigma generacional y la era digital reinante.

Otro emergente importante de la nuevas generaciones, es que ya no les interesan productos y/o servicios que no generan bien social. *"Hacer* es el nuevo *Decir"*. Hasta aquí el foco en la construcción de imagen positiva estaba en el marketing y la comunicación. Hoy no podemos pretender diferenciarnos por el mensaje. La diferenciación debe abarcar toda la *Experiencia* de marca; es el mayor foco de anclaje para traccionar una buena campaña; pero siempre tendrá que ser una construcción real del emprendimiento para que pueda sostenerse en el tiempo.

¿Qué es un plan estratégico de comunicación?

El Plan es una herramienta que permite prever nuestro posicionamiento y promover la visibilidad de nuestro negocio con un sentido coherente y efectivo.

1) **Diagnóstico de situación por mercado:** análisis de producto, competidores y su posicionamiento por mercado.

2) **Segmentar y definir objetivos de negocio:** globales y específicos segmentados por públicos. Definición de objetivos de negocio por segmento, definición de públicos clave y objetivos a alcanzar para cada uno.

3) **Diseño de Perfil de Marca:** definición de estrategia de posicionamiento, concepto y atributos de marca.

Perfil de marca: "La estructura mental de la organización que forman los públicos, como resultado del procesamiento de toda la información relativa a la organización". PAUL CAPRIOTTI

4) **Plan de acciones, medios y mensajes clave:** plan de comunicación y posicionamiento, definición de mensajes. Desarrollo de canales, capitalización de medios y acciones específicas.

¿Qué medios tenemos a disposición para comunicar nuestros productos y servicios?

Aquí la primera respuesta radica en marketing tradicional vs. marketing digital. Los posicionamos como un "vs.", porque hasta no entender como interactúa y viaja la información en la era digital, es difícil establecer con claridad un equilibrio en el mix de medios necesario para cada emprendimiento.

Canales Tradicionales

- Papelería institucional (tarjetería, brochures, folletería)
- Publicidad tradicional (gráfica, radio y televisión)
- Aplicaciones de la imagen en edificios e instalaciones (comercios)
- Gestión de prensa
- Eventos y RRPP (Relaciones Públicas)
- Fuerza de ventas y Telemarketing
- "Boca en boca"

Canales Digitales

- Sitio Web Institucional
- E-commerce
- Campañas de email marketing
- Landing pages
- Campañas de Posicionamiento Digital (Adwords)
- Mobile marketing

Redes Sociales

La oportunidad en Redes Sociales

"El marketing ya no es más una conversación entre las marcas y sus consumidores. Es una conversación entre millones de consumidores sobre las marcas". Stephen King (DIRECTOR WPP. FOUNDER OF PLANNING JWT)

Datos estadísticos:

- El usuario promedio en Argentina pasa 4,2 hs diarias conectadas a las redes sociales; y se duplica en las nuevas generaciones.
- El 67% de los usuarios confían más en la opinión de sus contactos de comunicación virtual, que lo que dice la misma marca sobre su producto o servicio.
- El 90% de los consumidores recurren a internet y redes sociales como primera fuente a la hora de elegir una marca o producto.

Describiremos cinco puntos importantes a tener en cuenta en el abordaje de comunicación en redes sociales:

Posicionarse: ganar visibilidad con mensajes clave que destaque el diferencial de la marca y agreguen valor.

Fidelizar: profundizar el vínculo con los clientes favoreciendo la identificación y la promoción boca a boca.

Conectar: entender y conectar con los públicos clave. Identificar necesidades, gustos e intereses, abriendo espacios de diálogo que enriquezcan el desempeño de sus marcas.

Amplificar: ganar nuevos clientes. Distribuir contenidos y mensajes en forma viral, amplificando su llegada social, apoyados con campañas de promoción segmentadas.

Comunidad: abrir espacio de comunicación y diálogo permanente. Digitales desde donde liderar la comunicación desde puntos estratégicos.

Estos elementos y su vigencia actual confirman que "comunicar hoy" no es tomar un megáfono y emitir un contundente mensaje; es algo mucho más complejo, que requiere una mirada y estudio profundo de la variables múltiples para encauzar la comunicación por el canal apropiado. Este abordaje también comprende una profunda capacitación en el tema para entender los nuevos códigos, pudiendo así, no solamente aprender a posicionar nuestro emprendimiento, sino también incorporar en el arquetipo del emprendedor un componente clave para la expansión y el despliegue del mismo.

Epílogo

Queremos dejar en estos capítulos sólo una descripción de algunos conceptos que solemos trabajar en nuestras formaciones para emprendedores. Brindar una ubicación particular, desde donde capacitamos y cómo intervenimos en las distintas instancias de formación. En nuestro trabajo como consultores organizacionales, este abordaje también está presente, asegurando, por lo general, resultados integrales positivos en nuestros clientes.

ABRITECAMINO

Ciclo integral para emprendedores

www.abritecamino.com.ar

Santiago Netri

Consultor Organizacional (Cert. Internacional en Systemic Management).

Especialista en Change Management y Desarrollo Organizacional (certificación internacional Change américas) y Diagnóstico Sistémico.

Facilitador experto en Desarrollo de Equipos de Trabajo. Su experiencia como consultor lo lleva a poner un especial énfasis en la comunicación eficaz, el trabajo en equipo y el liderazgo.

Germán Netri

Contador Público (experto en pymes).

Experto en Dirección y Administración en Instituciones Educativas Universitarias y Nivel Medio. Desarrollo de equipos de trabajo.

Especialista en liderazgo y gestión del cambio organizacional (Diplomatura en liderazgo ITBA). Expositor en congresos y seminarios.

Docente en Administración de Empresas de la UCES. Tiene una larga trayectoria en posiciones de management en empresas nacionales.

Agradecimientos

A todos los emprendedores y mentores que confiaron en nuestro acompañamiento. Tenemos el honor de observar crecer muchas ideas que pudieron salir al mundo, emprendimientos sustentables liderados por emprendedores íntegros.

Seguimos aprendiendo de cada ciclo, de cada caso, de cada experiencia.

Santiago Netri / Germán Netri

www.abritecamino.com.ar

Los invitamos a los lectores a escribirnos por email, para poder compartirles las novedades editoriales, y encuentros en universidades, eventos y congresos.

Periódicamente estaremos ofreciendo el taller **"Abrite Camino. Bases para el emprendedor exitoso"** de 8 horas de duración distribuidas en 4 cuatro clases de dos horas cada una. Al finalizar recibirás un certificado de asistencia.

SANTIAGO NETRI

GERMÁN NETRI

netripublishers@gmail.com

93

www.ingramcontent.com/pod-product-compliance
Lightning Source LLC
Chambersburg PA
CBHW070809220526
45466CB00002B/612